고려대 재미있는 한국어

말하기 Speaking

고려대학교 한국어센터 편

English Version

KU PRESS
고려대학교출판문화원

고려대학교 한국어센터는 1986년 설립된 이래 한국어와 한국 문화를 재미있게 배우고 효과적으로 가르치는 방법을 연구해 왔습니다. 《고려대 한국어》와 《고려대 재미있는 한국어》는 한국어센터에서 내놓는 세 번째 교재로 그동안 쌓아 온 연구 및 교수 학습의 성과를 바탕으로 하고 있습니다.

이 책의 가장 큰 특징은 한국어를 처음 접하는 학습자도 쉽게 배워서 바로 사용할 수 있도록 구성했다는 점입니다. 한국어 환경에서 자주 쓰이는 항목을 최우선하여 선정하고 이 항목을 학습자가 교실 밖에서 사용할 수 있도록 연습 기회를 충분히 그리고 다양하게 제공하고 있습니다.

이 책을 내기까지 많은 분들의 도움을 받았습니다. 먼저 지금까지 고려대학교 한국어센터에서 한국어를 공부한 학습자들께 감사드립니다. 쉽고 재미있는 한국어 교수 학습에 대한 학습자들의 다양한 요구가 없었다면 이 책은 나오지 못했을 것입니다. 그리고 한국어 학습자들의 요구에 부응하기 위해 열정적으로 교육과 연구에 헌신하고 계신 고려대학교 한국어센터의 선생님들께도 감사드립니다.

무엇보다 한국어 학습자와 한국어 교원의 요구 그리고 한국어 교수 학습 환경을 종합적으로 고려한 최상의 한국어 교재를 위해 밤낮으로 고민하고 집필에 매진하신 고려대학교 국어국문학과 김정숙 교수님을 비롯한 저자분들께 깊은 감사를 드립니다. 이 밖에도 이 책이 보다 멋진 모습을 갖출 수 있도록 도와주신 고려대학교 출판문화원의 윤인진 원장님과 직원 여러분께도 감사드립니다. 그리고 집필진과 출판문화원의 요구를 수용하여 이 교재에 맵시를 입히고 멋을 더해 주신 랭기지플러스의 편집 및 디자인 전문가, 삽화가의 노고에도 깊은 경의를 표합니다.

부디 이 책이 쉽고 재미있게 한국어를 배우고자 하는 한국어 학습자와 효과적으로 한국어를 가르치고자 하는 한국어 교원 모두에게 도움이 되기를 바랍니다. 또한 앞으로 한국어 교육의 내용과 방향을 선도하는 역할도 아울러 할 수 있게 되기를 희망합니다.

2019년 7월
국제어학원장 박성철

이 책의 특징

《고려대 한국어》와 《고려대 재미있는 한국어》는 '형태를 고려한 과제 중심 접근 방법'에 따라 개발된 교재입니다. 《고려대 한국어》는 언어 항목, 언어 기능, 문화 등이 통합된 교재이고, 《고려대 재미있는 한국어》는 말하기, 듣기, 읽기, 쓰기로 분리된 기능 교재입니다.

《고려대 한국어》 2A와 2B가 100시간 분량, 《고려대 재미있는 한국어》 말하기, 듣기, 읽기, 쓰기가 100시간 분량의 교육 내용을 담고 있습니다. 200시간의 정규 교육 과정에서는 여섯 권의 책을 모두 사용하고, 100시간 정도의 단기 교육 과정이나 해외 대학 등의 한국어 강의에서는 강의의 목적이나 학습자의 요구에 맞는 교재를 선택하여 사용할 수 있습니다.

《고려대 재미있는 한국어》의 특징

▶ **한국어를 처음 배우는 학습자도 쉽게 배울 수 있습니다.**
- 한국어 표준 교육 과정에 맞춰 성취 수준을 낮췄습니다. 핵심 표현을 정확하고 유창하게 사용하는 것이 목표입니다.
- 제시되는 언어 표현을 통제하여 과도한 입력의 부담 없이 주제와 의사소통 기능에 충실할 수 있습니다.
- 알기 쉽게 제시하고 충분히 연습하는 단계를 마련하여 학습한 내용의 이해에 그치지 않고 바로 사용할 수 있습니다.

▶ **학습자의 동기를 이끄는 즐겁고 재미있는 교재입니다.**
- 한국어 학습자가 가장 많이 접하고 흥미로워하는 주제와 의사소통 기능을 다룹니다.
- 한국어 학습자의 특성과 요구를 반영하여 실제적인 자료를 제시하고 유의미한 과제 활동을 마련했습니다.
- 한국인의 언어생활, 언어 사용 환경의 변화를 발 빠르게 반영했습니다.
- 친근하고 생동감 있는 삽화와 입체적이고 감각적인 디자인으로 학습의 재미를 더합니다.

▶ 말하기 20단원, 듣기 10단원, 읽기 10단원, 쓰기 13단원으로 구성하였으며 한 단원은 내용에 따라 1~4시간이 소요됩니다.

▶ 각 기능별 단원 구성은 아래와 같습니다.

말하기

도입	배워요 1~2	말해요 1~3	자기 평가
학습 목표 생각해 봐요	주제, 기능 수행에 필요한 어휘와 문법 제시 및 연습	• 형태적 연습/유의적 연습 • 의사소통 말하기 과제 • 역할극/짝 활동/게임 등	

듣기

도입	들어요 1	들어요 2~3	자기 평가	더 들어요
학습 목표 음운 구별	어휘나 표현에 집중한 부분 듣기	주제, 기능과 관련된 다양한 듣기		표현, 기능 등이 확장된 듣기

읽기

도입	읽어요 1	읽어요 2~3	자기 평가	더 읽어요
학습 목표 생각해 봐요	어휘나 표현에 집중한 부분 읽기	주제, 기능과 관련된 다양한 읽기		표현, 기능 등이 확장된 읽기

쓰기

도입	써요 1	써요 2	자기 평가
학습 목표	어휘나 표현에 집중한 문장 단위 쓰기	주제, 기능에 맞는 담화 차원의 쓰기	

▶ 교재의 앞부분에는 '이 책의 특징'을 배치했고, 교재의 뒷부분에는 '정답'과 '듣기 지문', '어휘 찾아보기', '문법 찾아보기'를 부록으로 넣었습니다.

▶ 모든 듣기는 MP3 파일 형태로 내려받아 들을 수 있습니다.

《고려대 재미있는 한국어 2》의 목표

일상생활에서 자주 접하는 주제인 자기소개, 건강, 여가 활동, 가족, 여행 등에 대해 이해하고 표현할 수 있습니다. 길 묻기, 옷 사기, 축하와 위로하기 등의 기본적인 의사소통 기능을 수행할 수 있습니다. 한국어의 높임말과 반말의 쓰임을 알고 구별하여 말할 수 있습니다.

About the Textbook

KU Korean Language and *KU Fun Korean* adopt a "task-based approach with forms in consideration". The former integrates language items, language skills, and culture while the latter separates language skills into speaking, listening, reading, and writing.

KU Korean Language composed of 2A and 2B offers a 100-hour language course, and *KU Fun Korean* also contains a 100-hour course for speaking, listening, reading, and writing as a whole. Therefore, using the six volumes of the two together makes up a regular 200-hour language program. In the case of 100-hour short language programs or Korean language courses in overseas universities, these volumes can be selectively used according to the purpose of the program or the needs of the learner.

About *KU Fun Korean*

▶ **The textbook helps even beginners learn Korean in an easy way.**

- The level of target achievement is moderated in accordance with the International Standard Curriculum of Korean Language. It aims to facilitate accurate and fluent use of key expressions.
- By restricting the number of language expressions for input, more focus can be placed on topics and communicative skills while alleviating pressure put on the learner.
- Learners can readily understand what they learn thanks to easy explanations and also immediately apply their knowledge to practice by completing a sufficient number of exercises.

▶ **The textbook is a fun and interesting textbook that can motivate the learner.**

- It addresses the topics and communication skills that the Korean language learner is highly interested in as they are frequently used in real life.
- By reflecting on the characteristics and needs of Korean language learners, practical materials have been developed incorporating meaningful task-based activities.
- It reflects the fast-changing Korean language lifestyle and environment.
- Familiar and engaging illustrations, as well as stereoscopic and stylish design, add fun to learning Korean.

▶ It consists of 20 units of speaking, 10 units of listening, 10 units of reading, and 13 units of writing, and each units requires 1-4 hours in tandem with the content.

▶ Units for each communicative function are structured as follows

Speaking

Introduction	Let's learn 1~2	Speaking 1~3	Self-check
Learning objectives Let's think	Topic, vocabulary and grammar required for performing communicative functions, and exercise activities	• Exercises that focus on form and meaning • Conversational speaking tasks • Role plays/pair activities/ games, etc.	

Listening

Introduction	Listening 1	Listening 2~3	Self-check	Listening more
Learning objectives Sound discrimination	Listening focusing on vocabulary or expressions	Various types of listening practice related to the topic and communicative functions		Listening exercises on extended expressions and their communicative functions

Reading

Introduction	Reading 1	Reading 2~3	Self-check	Reading more
Learning objectives Let's think	Reading focusing on vocabulary or expressions	Various types of reading practice related to the topic and communicative functions		reading exercises on extended expressions and their communicative functions

Writing

Introduction	Writing 1	Writing 2	Self-check
Learning objectives	Sentence-based writing focusing on vocabulary or expressions	Dialogue writing related to the topic and communicative functions	

▶ About the Textbook is located in the beginning of the book, and Correct Answers, and Listening Scripts, the Vocabulary and Grammar Index are in the appendix.

▶ All audio files can be downloaded as MP3 files.

Learning Objectives of *KU Fun Korean 2*

Learners can understand and express their thoughts on the topics related to their daily life, such as self-introductions, health, favorite things, family, and travel. They can perform basic conversational tasks such as asking for directions, buying clothes, and congratulating and consoling someone. They can also discern differences between polite and casual expressions in Korean and speak appropriately according to the situation.

이 책의 특징 About the Textbook

단원 제목 Title of the unit

학습 목표 Learning objectives

- 단원의 의사소통 목표입니다.
  It is the communicative objectives of the lesson.

생각해 봐요 Let's think

- 그림이나 사진을 보며 단원의 주제 또는 기능을 생각해 봅니다.
  The learner looks at a picture or drawing and thinks about the topic or communicative function of the lesson.

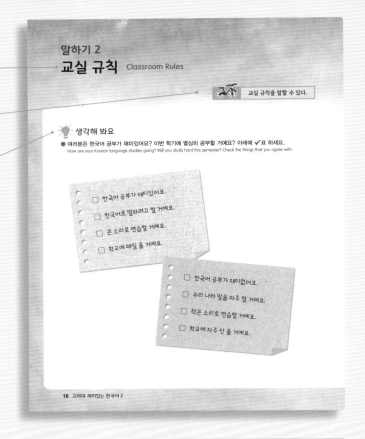

말해요 1 Speak 1

- 의사소통 목표를 달성하기 위한 말하기 과제 활동입니다.
  This speaking activity aims to help the learner achieve communicative objectives.

- 게임, 역할극 등으로 활동 유형이 다양하게 제시되며 짝 활동, 소그룹 활동, 교실 밖 활동 등으로 활동 방식의 변화를 주어 진행합니다.
  The learner engages in various types of exercises such as games and role plays, as well as in different modes, including pair-work, small-group work, or out-of-class work.

자기 평가 Self-check

- 학습 목표의 달성 여부를 학습자가 스스로 점검합니다.
  Learners evaluate to what extent they have achieved the learning objectives.

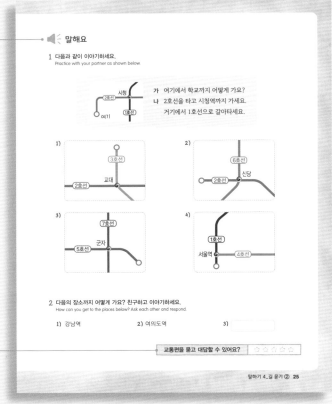

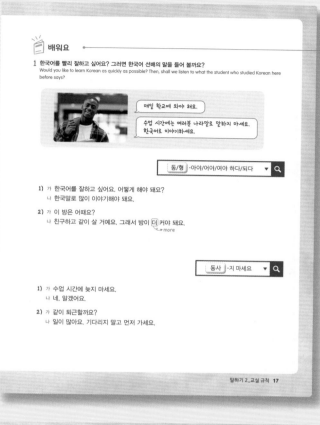

배워요 Let's learn

- 단원의 주제를 표현하거나 의사소통 기능을 수행하는 데 필요한 어휘나 문법 항목입니다.
  It describes vocabulary or grammar items essential to expressing the topic of the lesson or performing communicative functions.

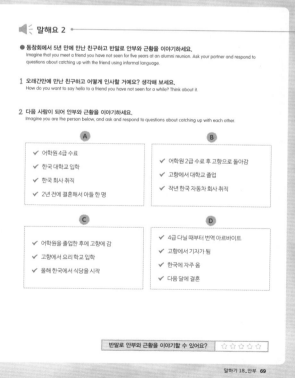

말해요 2 Speak 2

- 확장된 말하기 과제 활동입니다. 실제적이고 유의미한 맥락에서 의사소통 목적에 초점을 두고 말하기를 수행합니다.
  It is an extended speaking activity. The learner performs speaking tasks focusing on communicative objectives in real and meaningful contexts.

- 교육 과정이나 학습자 수준에 따라 선택적으로 활동을 합니다.
  The activity is optional depending on the curriculum or the levels of learners.

말하기
Speaking

차례 Contents

말하기 1
자기소개 Self-introduction

 자기소개를 할 수 있다.

 생각해 봐요

● 다음 사진을 보세요. 이 사람은 무엇을 하고 있어요?
Look at the picture. What is the person doing?

 말해요

1 여러분도 자기소개를 할 거예요. 먼저 무엇을 소개할 거예요? 생각해 보세요.
You are also going to introduce yourself. What do you want to talk about? Let's think.

이름

직업

왜 한국어를 공부해요?

국적

한국에 언제 왔어요?

나이

앞으로 무엇을 할 거예요?

2 처음 인사와 마지막 인사말도 생각해 보세요.
Think about how you would start and end your self-introduction.

3 친구들 앞에서 자기소개를 하세요.
Introduce yourself to the class.

4 친구에 대해 많이 알게 되었어요? 더 궁금한 것이 있으면 질문하세요.
Have you gotten to know each other better? If there is anything more that you want to know about your classmates, please ask questions.

| 자기소개를 할 수 있어요? | ☆ ☆ ☆ ☆ ☆ |

말하기 2
교실 규칙 Classroom Rules

교실 규칙을 말할 수 있다.

 생각해 봐요

● 여러분은 한국어 공부가 재미있어요? 이번 학기에 열심히 공부할 거예요? 아래에 ✔표 하세요.
How are your Korean language studies going? Will you study hard this semester? Check the things that you agree with.

☐ 한국어 공부가 재미있어요.

☐ 한국어로 말하려고 할 거예요.

☐ 큰 소리로 연습할 거예요.

☐ 학교에 매일 올 거예요.

☐ 한국어 공부가 재미없어요.

☐ 우리 나라 말을 자주 할 거예요.

☐ 작은 소리로 연습할 거예요.

☐ 학교에 자주 안 올 거예요.

배워요

1 한국어를 빨리 잘하고 싶어요? 그러면 한국어 선배의 말을 들어 볼까요?
Would you like to learn Korean as quickly as possible? Then, shall we listen to what the student who studied Korean here before says?

매일 학교에 와야 해요.

수업 시간에는 여러분 나라말로 말하지 마세요.
한국어로 이야기하세요.

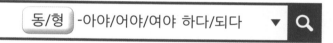
동/형 -아야/어야/여야 하다/되다

1) 가 한국어를 잘하고 싶어요. 어떻게 해야 돼요?
　　나 한국말로 많이 이야기해야 돼요.

2) 가 이 방은 어때요?
　　나 친구하고 같이 살 거예요. 그래서 방이 더 커야 돼요.
　　　　　　　　　　　　　　　　　→ more

동사 -지 마세요

1) 가 수업 시간에 늦지 마세요.
　　나 네, 알겠어요.

2) 가 같이 퇴근할까요?
　　나 일이 많아요. 기다리지 말고 먼저 가세요.

 **말해요**

1 재미있고 즐거운 한국어 수업을 위해 우리 반 규칙을 만들 거예요. '해야 돼요', '하지 마세요'를 사용해서 규칙을 만드세요.
To keep the Korean class fun and interesting, let's create our own classroom rules. Make your own classroom rules using 해야 돼요 or 하지 마세요.

1.

2.

3.

4.

5.

2 규칙을 친구들한테 소개하세요.
Introduce the rules you have written to your partners.

교실 규칙을 말할 수 있어요?	☆ ☆ ☆ ☆ ☆

말하기 3
길 묻기 ① Asking for Directions ①

가는 길을 묻고 대답할 수 있다.

💡 생각해 봐요

● 다음 그림을 보세요. 어디에 가요?
Look at the picture. Where is the person going?

📖 배워요

1 다음 표현을 배워요.
Let's learn the expressions below.

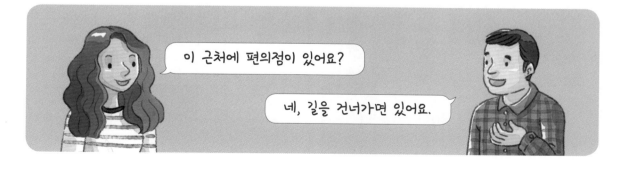

이 근처에 편의점이 있어요?

네, 길을 건너가면 있어요.

지하철역

버스 정류장

길을 건너다/건너가다

편의점을 지나다

1) 가 버스 정류장이 어디에 있어요?

　 나 이쪽으로 쭉 가면 있어요.
　　　　　　→ straight

2) 가 편의점이 어디에 있어요?

　 나 저기 은행이 있지요? 은행 지나서 오른쪽으로 가면 돼요.

3) 가 근처에 약국이 있어요?

　 나 네, 저기에서 길을 건너면 돼요.

2 다음 그림을 보고 무엇이 어디에 있는지 이야기하세요.
Look at the map and talk about the location of each place with your partner.

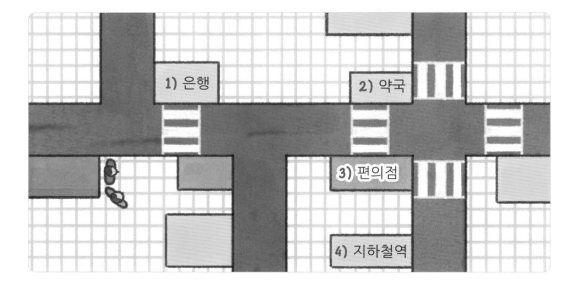

 말해요

● 지도를 보고 가는 길을 묻고 대답하세요.
  Look at the map, and ask each other for directions and respond.

A **1** 친구가 길을 물어요. 지도를 보고 대답하세요.
  Your partner is asking how to get to a place. Look at the map and explain the route.

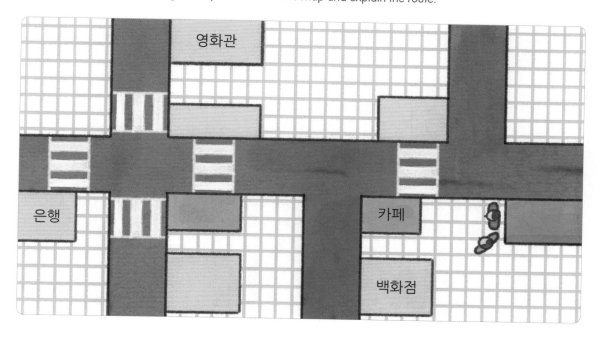

2 친구한테 가는 길을 물어보세요.
  Ask your partner how to get to the places listed below.

  1) 우체국   **2)** 편의점   **3)** 공원

B **1** 친구한테 가는 길을 물어보세요.
Ask your partner how to get to the places listed below.

1) 은행

2) 영화관

3) 백화점

2 친구가 길을 물어요. 지도를 보고 대답하세요.
Your partner is asking how to get to a place. Look at the map and explain the route.

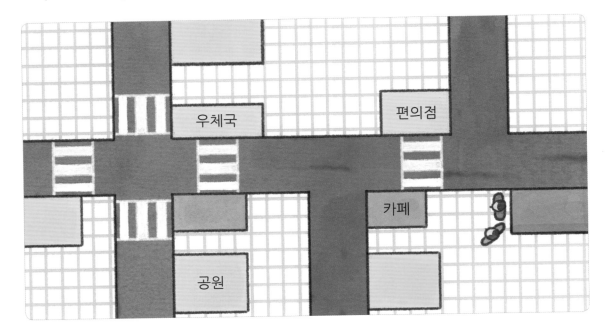

가는 길을 묻고 대답할 수 있어요? ☆ ☆ ☆ ☆ ☆

말하기 4
길 묻기 ② Asking for Directions ②

 교통편을 묻고 대답할 수 있다.

 생각해 봐요

● 다음을 보세요. 어디에 가요? 어떻게 가요?
Look at the illustration. Where are they going? How will they go there?

| 출발 | 고려대 | 지도보기 ▶ | 길 찾기 |
| 도착 | 홍대 | 지도보기 ▶ | |

대중교통 경로

최단 약 47분 (도보 2분)

6 고려대역 → 2 신당역 → 홍대입구역 하차

 배워요

1 다음 표현을 배워요.
Let's learn the expressions below.

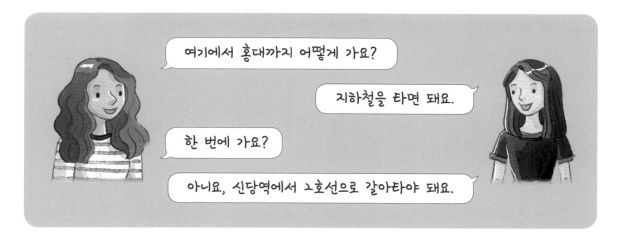

여기에서 홍대까지 어떻게 가요?

지하철을 타면 돼요.

한 번에 가요?

아니요, 신당역에서 2호선으로 갈아타야 돼요.

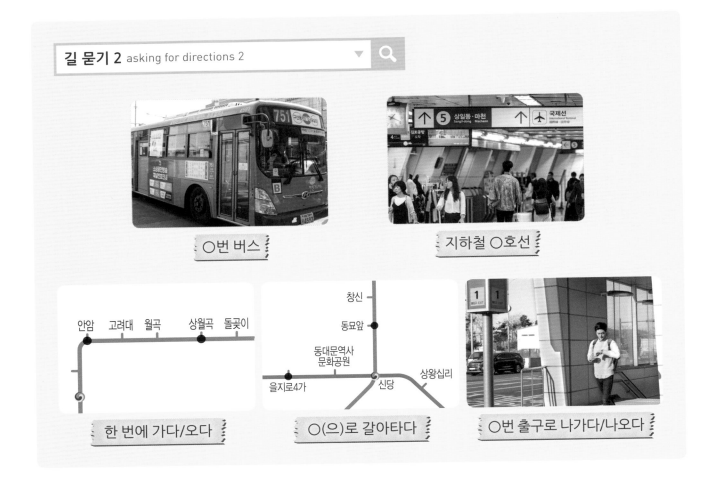

길 묻기 2 asking for directions 2

○번 버스

지하철 ○호선

안암　고려대　월곡　　상월곡　돌곶이

한 번에 가다/오다

창신
동묘앞
동대문역사
문화공원
을지로4가　　　신당　　상왕십리

○(으)로 갈아타다

○번 출구로 나가다/나오다

1) 가 명동역까지 어떻게 가요?
　나 144번 버스를 타면 돼요.

2) 가 남산까지 한 번에 가요?
　나 아니요, 충무로역에서 버스로 갈아타야 돼요.

3) 가 경복궁에 어떻게 가요?
　나 5번 출구로 나가세요.

1 다음과 같이 이야기하세요.
Practice with your partner as shown below.

가 여기에서 학교까지 어떻게 가요?

나 2호선을 타고 시청역까지 가세요.
거기에서 1호선으로 갈아타세요.

1)
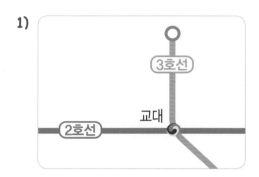

2)

3)

4)

2 다음의 장소까지 어떻게 가요? 친구하고 이야기하세요.
How can you get to the places below? Ask each other and respond.

1) 강남역　　　　　　　2) 여의도역　　　　　3) _____

| 교통편을 묻고 대답할 수 있어요? | ☆ ☆ ☆ ☆ ☆ |

할 수 있는 것 What You Can Do

할 수 있는 것과 할 수 없는 것을 말할 수 있다.

 생각해 봐요

● 다음 사진을 보세요. 무엇을 해요? 어때요?
Look at the pictures. What are they doing? How are they?

 말해요 1

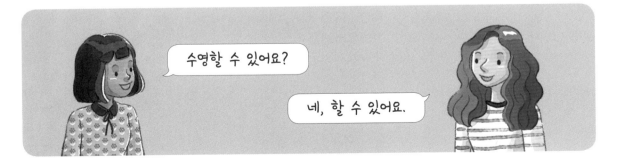

수영할 수 있어요?

네, 할 수 있어요.

1) 가 피아노를 칠 수 있어요?

　　나 네, 칠 수 있어요. 어렸을 때 배웠어요.

2) 가 우리 자전거를 타러 갈래요?

　　나 저는 자전거를 못 타요.

3) 가 도서관에 같이 가요.

　　나 저는 [학생증]이 없어서 들어갈 수 없어요.
　　　　↳ student ID card

동사 -(으)ㄹ 수 있다/없다 ▼ 🔍

• 능력이 없다는 의미의 '-(으)ㄹ 수 없어요'는 보통 '못 + 동사'로 말해요.
We usually add 못 to verbs, instead of saying -(으)ㄹ 수 없어요, to express the lack of ability to do something.

가 수영할 수 있어요?
나 아니요, 못 해요.

1 다음과 같이 이야기하세요.
Practice with your partner as shown below.

가 스키를 탈 수 있어요?
나 네, 탈 수 있어요.

1) 기타를 치다

2) 김치를 먹다

3) 수영을 하다
　　　　　↱ drive a car
4) [운전을 하다]

5) 한국 노래를 부르다

2 다음과 같이 이야기하세요.
Practice with your partner as shown below.

가 스키를 탈 수 있어요?
나 아니요, 못 타요.

1) 피아노를 치다

2) 자전거를 타다

3) 술을 마시다

4) 한국 음식을 만들다

5) 독일어를 하다

3 여러분은 무엇을 할 수 있어요?
Which activities in the table below can you do?

자전거를 타다	☐	운전을 하다	☐	피아노를 치다	☐
한국 노래를 부르다	☐ ,	배드민턴을 치다	☐	김치를 먹다	☐
수영을 하다	☐	스키를 타다	☐	한국 음식을 만들다	☐

🔊 말해요 2

 한국 노래를 부를 수 있어요?

부를 수 있어요. 그런데 잘 못 불러요.

1) 가 한국어를 잘해요?
　 나 아니요, 잘 못 해요.

2) 가 이만 씨가 배드민턴을 잘 쳐요?
　 나 네, 아주 잘 쳐요. 전에 배드민턴 선수였어요.

3) 가 이번 주에 서울에 올 수 있어요?
　 나 이번 주는 시간이 없어서 못 가요. 미안해요.

1 다음과 같이 이야기하세요.
Practice with your partner as shown below.

할 수 있다	☑	못 하다	☐
아주 잘	잘	잘 못	보통
☐	☑	☐	☐

가 자전거를 탈 수 있어요?
나 네, 탈 수 있어요.
가 잘 타요?
나 네, 잘 타요.

1)

할 수 있다	☐	못 하다	☐
아주 잘	잘	잘 못	보통
☐	☐	☐	☐

2)

할 수 있다	☐	못 하다	☐
아주 잘	잘	잘 못	보통
☐	☐	☐	☐

3)

할 수 있다	☐	못 하다	☐
아주 잘	잘	잘 못	보통
☐	☐	☐	☐

4)

할 수 있다	☐	못 하다	☐
아주 잘	잘	잘 못	보통
☐	☐	☐	☐

5)

할 수 있다	☐	못 하다	☐
아주 잘	잘	잘 못	보통
☐	☐	☐	☐

할 수 있는 것과 할 수 없는 것을 말할 수 있어요? ☆☆☆☆☆

말하기 6
얼마나 자주 How Often

무엇을 얼마나 자주 하는지 말할 수 있다.

 생각해 봐요

● 다음 사진을 보세요. 무엇을 자주 해요? 얼마나 자주 해요?
Look at the picture. Which activity does the person do often? How often does the person do it?

배워요

1 다음 표현을 배워요.
Let's learn the expressions below.

영화를 얼마나 자주 봐요?

일주일에 한두 번 봐요.

1) 가 얼마나 자주 부모님한테 전화해요?

나 일주일에 두세 번쯤 전화해요.

2) 가 게임을 얼마나 많이 해요?

나 하루에 한두 시간쯤 해요.

2 다음과 같이 이야기하세요.
Practice with your partner as shown below.

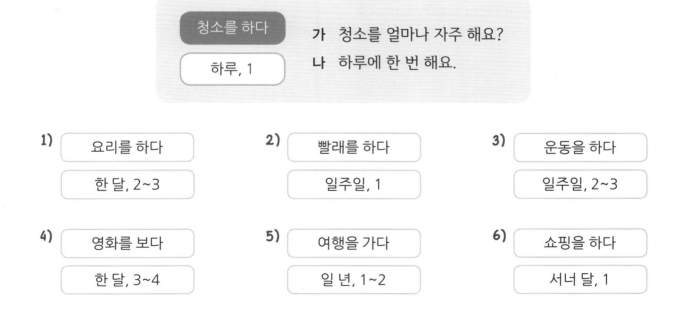

청소를 하다

하루, 1

가 청소를 얼마나 자주 해요?

나 하루에 한 번 해요.

1) 요리를 하다
한 달, 2~3

2) 빨래를 하다
일주일, 1

3) 운동을 하다
일주일, 2~3

4) 영화를 보다
한 달, 3~4

5) 여행을 가다
일 년, 1~2

6) 쇼핑을 하다
서너 달, 1

3 다음과 같이 이야기하세요.
Practice with your partner as shown below.

책

한 달, 1~2권

가 책을 얼마나 많이 읽어요?
나 한 달에 한두 권쯤 읽어요.

1) 커피
   하루, 1~2잔

2) 게임
   하루, 2~3시간

3) 스마트폰
   하루, 3~4시간

4) 한국어 공부
   하루, 1~2시간

5) 부모님한테 전화
   일주일, 3~4번

6) 영화
   한 달, 2~3번

🔊 말해요

1 얼마나 자주 해요? 얼마나 많이 해요? 메모하세요.
How often do you do it? How many hours/times do you do that? Write down the answers.

커피를 마시다 _____	쇼핑을 하다 _____	사진을 찍다 _____
스마트폰을 하다 _____	게임을 하다 _____	부모님한테 전화하다 _____
드라마를 보다 _____	운동 경기를 보다 _____	책을 읽다 _____
김밥을 먹다 _____	치킨을 먹다 _____	운동을 하다 _____
자전거를 타다 _____	산책을 하다 _____	홍대에 가다 _____
콘서트에 가다 _____	박물관에 가다 _____	_____

2 친구는 무엇을 자주 해요? 얼마나 자주 해요? 다음과 같이 이야기하세요.
What does your partner do frequently? How often does your partner do it? Practice with your partner as shown below.

가 게임을 많이 해요?

나 네, 많이 해요.

가 얼마나 많이 해요?

나 하루에 두세 시간쯤 해요.

3 우리 반에서 누가 제일 자주 해요? 누가 제일 많이 해요?
Who does the activity the most often in our class? Who does these activities the most in our class?

1) 누가 사진을 제일 많이 찍어요?

2) 누가 게임을 제일 많이 해요?

3) 누가 운동을 제일 자주 해요?

4) 누가 치킨을 제일 자주 먹어요?

5) [   ]

| 무엇을 얼마나 자주 하는지 말할 수 있어요? | ☆ ☆ ☆ ☆ ☆ |

말하기 7
취미 Hobby

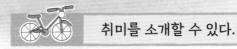

취미를 소개할 수 있다.

🔊 말해요

1 여러분은 취미가 뭐예요? 친구들한테 여러분의 취미를 소개할 수 있어요?
What is your hobby? Can you introduce your hobby to the class?

1) 취미를 소개할 때 무엇을 말할 거예요? 메모하세요.

취미	
언제부터?	
보통 언제?	
얼마나 자주?	
어디에서?	
누구하고?	
앞으로 하고 싶은 것	
?	

2) 첫인사와 끝인사를 생각해 보세요.

> 안녕하세요? 저는 ○○○이에요/예요.
>
> 지금부터 제 취미를 소개하겠습니다.

> 이것으로 제 취미 소개를 마치겠습니다. 들어 주셔서 감사합니다.
>
> 질문 있으세요?

2 지금부터 친구들 앞에서 여러분의 취미를 소개하세요.
Introduce your hobby to the class.

취미를 소개할 수 있어요?

말하기 8
건강 Health

 생각해 봐요

● 다음 사진을 보세요. 이 사람은 무엇을 해요? 건강에 좋아요, 나빠요?
Look at the pictures. What is the person doing? Is doing the activity in the picture good or bad for your health?

 **말해요**

1 건강에 좋을까요, 안 좋을까요? 다음과 같이 이야기하세요.
Are doing the activities below good or bad for your health? Practice with your partner as shown below.

> 가 한 번에 많이 먹는 것은 건강에 좋을까요?
>
> 한 번에 많이 먹다　　나 아니요, 건강에 안 좋아요.
> 　　　　　　　　　　　한 번에 많이 먹으면 안 돼요.

1) 아침을 먹다

4) 밤늦게 먹다

2) 한 번에 많이 먹다

5) 과일을 많이 먹다
→ fruit

3) 물을 많이 마시다

6) 커피를 많이 마시다

7) 잠을 많이 자다

10) 밖에 안 나가고 집에만 있다

8) 운동을 많이 하다

11) 자주 걸어서 다니다

9) 스마트폰을 많이 하다

12) 게임을 계속 하다

13) 청소를 자주 하다

14) 빨래를 자주 하다

15) 손을 자주 씻다

16) 외국어를 배우다

17) 악기를 배우다

18) 친구들하고 자주 놀다

2 어떻게 하면 건강하게 살 수 있을까요? 건강을 위한 생활 습관 목록을 만드세요.
How can you live a healthy life? Write down a list of daily habits that are good for your health.

1.

2.

3.

4.

5.

건강에 좋은 생활 습관에 대해 말할 수 있어요?	☆ ☆ ☆ ☆ ☆

말하기 9
좋아하는 것 Favorites

 생각해 봐요

● **다음 사진을 보세요. 사람들이 어떤 것을 좋아해요?**
Look at the pictures. What does each person like to do?

 배워요

1 **다음과 같이 이야기하세요.**
Practice with your partner as shown below.

> 키가 크다   키가 작다
>
> → 키가 큰 사람하고 키가 작은 사람 중에서 어느 쪽을 더 좋아해요?

1) 성격이 좋다   멋있다

2) 공부를 잘하다   운동을 잘하다

3) 말이 많다   말이 없다

4) 놀이공원에 가다   박물관에 가다

5) 음악을 듣다   노래를 부르다

6) 덥다   춥다

7) 싸지만 불편하다   비싸지만 편하다

🔊 말해요

1 여러분은 어느 쪽을 좋아해요? 좋아하는 것에 표시하세요. 그리고 친구하고 이야기하세요.
Which one do you prefer? Mark the one you prefer. Practice with your partner.

1) 지하철을 타다   버스를 타다

2) 커피를 마시다   차를 마시다

3)

4)

5) 이야기를 하다   이야기를 듣다

6) 음식을 만들어서 먹다   식당에서 사 먹다

7)

8)

9) 음악을 듣다   텔레비전을 보다

10) 집에서 쉬다   밖에 나가서 놀다

11)

12)

13) 과자가 달다   과자가 짜다

14) 음료수가 뜨겁다   음료수가 차갑다

15)

16)

2 남자 친구/여자 친구는 어땠으면 좋겠어요? 친구하고 이야기하세요.
What do you want your boyfriend/girlfriend to be like? Practice with your partner.

1) 나이가 많다   나이가 같다   나이가 적다

2) 머리가 길다   머리가 짧다

3) 취미가 비슷하다   취미가 다르다

4) 말이 많다   말이 적다

5) 멋있다/예쁘다   똑똑하다

6) 성격이 좋다   돈이 많다

7) ☐   ☐

3 같은 대답이 있어요? 친구하고 비슷해요, 달라요?
Did you and your partner choose the same answers? Do you have answers similar to or the same as your partner's or not?

좋아하는 것에 대해 묻고 대답할 수 있어요? ☆ ☆ ☆ ☆ ☆

말하기 10
가족 Family

미래의 가족을 소개할 수 있다.

 **말해요**

1 여러분은 앞으로 어떤 가족을 만들 거예요? 결혼을 할 거예요? 아이도 낳을 거예요? 앞으로 10년, 20년 후 여러분의 가족을 상상해 보세요.
What will your future family be like? Will you get married? Will you have a baby? Imagine your future family in 10 or 20 years.

  1) 가족은 누구 누구 있어요?

  2) 결혼을 했어요? 안 했어요? 결혼을 했으면 언제 했어요?

  3) 결혼을 했으면 남편, 아내는 어떤 사람이에요?

  4) 결혼을 안 했으면 혼자 살아요? 다른 사람하고 같이 살아요?

5) 아이가 있어요? 몇 명 있어요? 아이는 어때요?

6) 여러분 집에 고양이, 개가 있어요? 어때요?

7) 가족하고 이야기를 많이 해요?

8) 앞으로 가족하고 함께 하고 싶은 것이 있어요?

2 친구들 앞에서 여러분의 미래의 가족을 소개하세요.
Introduce your future family to the class.

3 다른 친구의 이야기를 들으면서 생각해 보세요. 누구의 가족이 가장 행복해요?
Listen to others' introduction of their future family and think about whose family would be the happiest.

미래의 가족을 소개할 수 있어요?	☆ ☆ ☆ ☆ ☆

말하기 11
부모님의 사랑 Parents' Love

부모님의 사랑에 대해 말할 수 있다.

생각해 봐요

● 다음 사진을 보세요. 무엇을 나타내는지 이야기하세요.
Look at the pictures. Talk about what you are feeling when you look at the pictures.

🔊 말해요 1

1 다음 표현을 배워요.
Let's learn the expressions below.

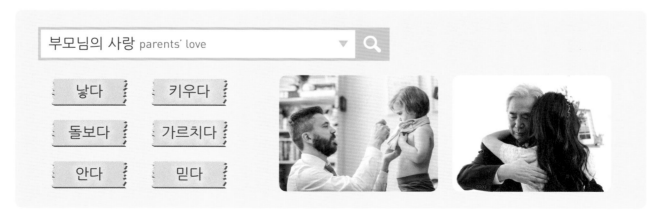

부모님의 사랑 parents' love

낳다	키우다
돌보다	가르치다
안다	믿다

1) 가 아이가 있어요?

　나 네, 삼 년 전에 딸을 낳았어요.

2) 가 할머니하고 같이 살았어요?

　나 네, 어렸을 때 할머니께서 저를 돌봐 주셨어요.

사랑으로	따뜻하게	언제나	지금까지

1) 가 어머니는 어떤 분이세요?

　나 힘들 때 따뜻하게 안아 주시고 언제나 저를 믿어 주셨어요.

2) 가 어머니가 안 계세요?

　나 네, 일찍 돌아가셔서 아버지께서 지금까지 혼자서 저를 키우셨어요.

2 여러분의 부모님은 어떤 분이세요? 다음과 같이 이야기하세요.
What kind of people are your parents? Practice with your partner as shown below.

우리 부모님은 사랑으로 저를 키워 주셨어요.

 **말해요 2**

1 다음 표현을 배워요.
Let's learn the expressions below.

효도 filial duty ▼ 🔍

건강하게 자라다/크다   열심히 공부하다   자주 연락드리다

잘해 드리다   안아 드리다   사 드리다   선물해 드리다

1) 가 어머니 생신 때 뭘 해 드렸어요?

나 어머니께 작은 선물을 사 드렸어요.

2) 가 부모님께 어떻게 효도를 하지요?

나 자주 연락드리고 열심히 공부하면 돼요.

3) 가 강아지 많이 컸어요?

나 네, 잘 먹고 잘 크고 있어요.

2 여러분은 부모님께 무엇을 해 드렸어요? 무엇을 해 드릴 거예요? 다음과 같이 이야기하세요.
What have you done for your parents? What will you do for them? Practice with your partner as shown below.

지금까지는 부모님께 잘 못해 드렸지만 앞으로 자주 안아 드리고 전화도 자주 드릴 거예요.

부모님의 사랑에 대해 말할 수 있어요?   ☆ ☆ ☆ ☆ ☆

말하기 12
여행 Travel

여행 경험을 소개할 수 있다.

 생각해 봐요

● 다음 지도를 보세요. 이 사람은 어디 어디에 갔어요?
Look at the map. Which places has the person been to?

 **말해요**

1 여러분이 한 여행을 소개하려고 해요. 다음에 대해 메모하세요.
You are going to introduce the places you have traveled to. Write memos about the questions below.

1) 어디에 갔어요? 그곳의 이름은 뭐예요?

2) 언제 갔어요? 며칠 동안 갔어요?

3) 누구하고 갔어요?

4) 무엇을 타고 갔어요?

5) 그때 날씨가 어땠어요?

6) 그곳에서 어디 어디에 갔어요?

7) 그곳에서 무엇을 했어요?

8) 그곳에서 처음 한 것이 있어요? 무엇을 해 봤어요?

9) 느낌이 어땠어요?

2 메모를 바탕으로 여행 경험을 소개할 거예요. 재미있게 소개하려면 어떻게 해야 할까요? 여행 사진이 있으면 가져오세요.

Based on your memos, introduce your travel experiences. To make your story sound more interesting, what do you need to do? Bring some pictures of your travels if you have any.

3 친구들한테 여행 사진을 보여 주면서 소개하세요.

Introduce your travel experiences showing some pictures to the class.

4 친구의 소개를 듣고 궁금한 것이 있으면 질문하세요.

If you are curious about what the others have said, ask a question.

여행 경험을 소개할 수 있어요?   ☆ ☆ ☆ ☆ ☆

말하기 13
가정 Supposition

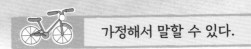

 생각해 봐요

● 여러분이면 어떻게 할 거예요? 무엇을 하고 싶어요? 생각해 보세요.
What would you do if you were in this situation? What would you like to do? Let's think.

 **말해요**

1 여러분이면 어떻게 할 거예요? 다음과 같이 이야기하세요.
What would you do if you were in this situation? Practice with your partner as shown below.

> 돈이 하나도 없다

가 돈이 하나도 없으면 어떻게 할 거예요?
나 친구한테 전화할 거예요.

1) 한국어 수업이 재미없다

2) 얼굴에 뭐가 많이 나다

3) 한국 생활이 너무 힘들다

4) 부모님이 보고 싶다

5) 교실이 너무 시끄럽다

6) 친구의 성격이 이상하다

2 다음 상황이 되면 무엇을 하고 싶어요? 친구하고 이야기하세요.

What would you do if you were in such a situation? Practice with your partner.

1) 가수/배우가 되다

2) 돈이 아주 많다

3) 지금부터 일 년만 살 수 있다

4) 다른 사람들이 나를 볼 수 없다

3 여러분은 무엇이든지 할 수 있어요. 그러면 무엇을 하고 싶어요? 친구하고 이야기하세요.

Imagine you could do whatever you want. If so, what would you like to do? Ask each other and respond.

1) 무엇이든지 할 수 있으면 무엇을 하고 싶어요?

2) 어디든지 갈 수 있으면 어디에 가고 싶어요?

3) 누구든지 만날 수 있으면 누구를 만나고 싶어요?

4) 다른 사람이 될 수 있으면 누가 되고 싶어요?

5)

가정해서 말할 수 있어요?	☆ ☆ ☆ ☆ ☆

사람 찾기 Finding a Person

복장을 설명할 수 있다.

생각해 봐요

● 다음 사진을 보세요. 무엇을 입었어요? A와 B는 무엇이 달라요?
Look at the pictures. What is she wearing? What is the difference between A and B?

배워요

1 다음 표현을 배워요.
Let's learn the expressions below.

복장 clothing & accessories

| 옷 | 신발 | 양말 | 모자 | 안경 | 가방 |

시계

목도리/스카프

장갑

탈착 putting on & taking off 🔍

옷을 입다 ↔ 벗다	신발을 신다 ↔ 벗다	양말을 신다 ↔ 벗다
모자를 쓰다 ↔ 벗다	안경을 쓰다 ↔ 벗다	가방을 메다/들다 ↔ 내려놓다
시계를 차다 ↔ 풀다	목도리/스카프를 하다 ↔ 풀다	장갑을 끼다 ↔ 빼다

2 다음과 같이 이야기하세요.
Practice with your partner as shown below.

가 안경을 썼어요?
나 네, 안경을 썼어요.

가 안경을 썼어요?
나 아니요, 안경을 벗었어요.

1)

2)

3)

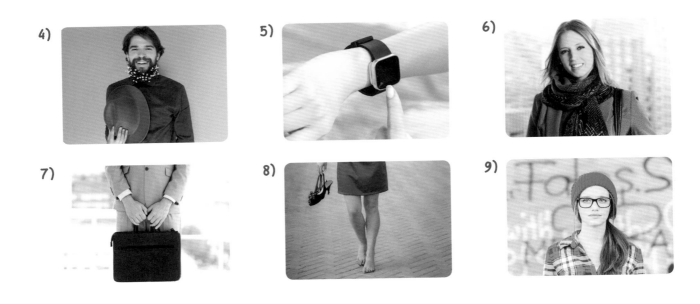

🔊 말해요 1

1 무엇을 입었어요? 무엇을 했어요? 다음과 같이 이야기하세요.
What is the person wearing? What accessories is the person wearing or carrying? Practice with your partner as shown below.

> 나쓰미 씨는 오늘 분홍색 원피스를 입었어요.
> 그리고 까만색 가방을 메고 있어요.

| 나쓰미 | 카밀라 | 세진 | 용재 | 웨이 |

2 공항 검색대의 직원이 되어서 승객한테 이야기하세요.
Imagine you are an airport security officer and give screening instructions to passengers.

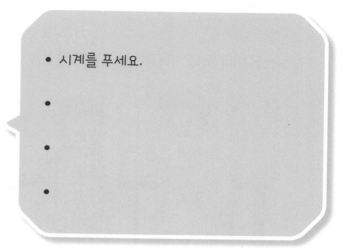

- 시계를 푸세요.

-

-

-

🔊 말해요 2

1 친구한테 친구를 소개해 주려고 해요. 처음 만나는 친구들이 서로를 잘 찾을 수 있게 복장을 설명하세요.
You are introducing a friend of yours to another friend. Describe their outfits to help them find each other easily.

1) 누구를 소개해 줄 거예요? 그 사람의 복장을 설명하세요.

2) 누구를 소개했어요? 설명을 듣고 찾으세요.

3) 누구를 소개해 줄 거예요? 그 사람의 복장을 설명하세요.

4) 누구를 소개했어요? 설명을 듣고 찾으세요.

복장을 설명할 수 있어요? ☆ ☆ ☆ ☆ ☆

말하기 15
추측 Guessing

추측해서 이야기할 수 있다.

 생각해 봐요

● 다음 사진을 보세요. 무엇을 하는 것 같아요?
Look at the picture. What do you think they are doing?

 **말해요**

1 그림을 보고 추측해서 이야기하세요.
Look at the picture and talk about it with your partner based on your guess.

> • 이 사람은 학생인 것 같아요.
> • 모자가 작은 것 같아요.
> ...

2 그림을 보고 추측해서 이야기하세요.
Look at the picture and talk about it with your partner based on your guess.

> • 교실이 더운 것 같아요.
> • 이 사람은 여자 친구하고 전화하는 것 같아요.
>   ...

6월 3일 시험!!
(내일)

추측해서 이야기할 수 있어요? ☆ ☆ ☆ ☆ ☆

말하기 16
축하와 위로 Congratulations & Consolation

 축하와 위로의 말을 할 수 있다.

 생각해 봐요

● 다음 사진을 보세요. 사람들이 무엇을 하고 있어요? 기분이 어떤 것 같아요?
Look at the pictures. What are they doing? How do you think they feel?

🔊 **말해요 1**

1 다음 표현을 보고 축하하는 말에는 '축', 위로하는 말에는 '위'를 쓰세요.
Read the expressions below and write down 축 for the one expressing congratulations and 위 for the one expressing consolation.

축하해요.	축	힘내세요.	
너무 걱정하지 마세요.		괜찮아요. 잘될 거예요.	

정말 잘됐네요.		그동안 수고했어요.	
어떡해요?		정말 기쁘겠어요.	

2 다음과 같이 이야기하세요.

Practice with your partner as shown below.

시험을 잘 못 봤다

가 시험을 잘 못 봤어요.
나 힘내세요.

시험을 잘 봤다	남자/여자 친구하고 헤어졌다
동생이 아프다	회사에 취직했다

 ## 말해요 2

1 그동안 어떤 일이 있었는지 이야기하세요. 친구의 이야기를 듣고 축하와 위로를 해 주세요.

Imagine you are the person below and are telling your partner what you have experienced. Listen to your partner's story, and congratulate or console your partner appropriately.

하리마(이집트, 여)

- 이번에 장학금을 받았다.
- 요즘 돈이 없어서 걱정이 많았다.
- 한국어 공부를 친구가 도와줬다.

세르게이(러시아, 남)

- 취직 시험에서 떨어졌다.
- 시험 준비를 6개월 전부터 했다.
- 다음 시험은 내년에 있다.

첸(중국, 남)

- 지난주에 할머니께서 돌아가셨다.
- 어렸을 때 나를 키워 주셨다.
- 작년부터 건강이 안 좋으셨다.

고트라(인도, 남)

- 다음 달에 결혼을 하다.
- 결혼할 여자는 한국 사람이다.
- 결혼한 후에 인도에서 살 것이다.

노엘라(프랑스, 여)

- 어제 노트북을 잃어버렸다.
- 카페에서 노트북을 썼다.
- 아버지께서 사 주셨다.

리나(일본, 여)

- 지난달에 남자 친구하고 헤어졌다.
- 지난주에 새 남자 친구가 생겼다.
- 새 남자 친구는 멋있고 똑똑하다.

| 축하와 위로의 말을 할 수 있어요? | ☆ ☆ ☆ ☆ ☆ |

말하기 17
인사 Casual Greetings

반말로 인사할 수 있다.

 생각해 봐요

● 다음 사진을 보세요. 이 사람들은 무엇을 해요?
Look at the pictures. What are they doing?

 배워요

1 다음 표현을 배워요.
Let's learn the expressions below.

1)

• '어디 가?'라고 인사하기도 해요.
  We also say 어디 가? when greeting someone.

2)

3)

4)

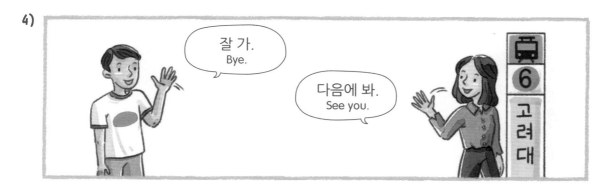

5)

- '다음에 만나.', '또 봐.'라고 인사하기도 해요.
  We also say '다음에 만나.', '또 봐.' when greeting someone.

6)

7)

8)

• 도움이 필요 없을 때는 '아니야, 괜찮아.'라고 말해요.
We say 아니야, 괜찮아 when we do not need any help.

9)

10)

11)

12)

🔊 말해요

1 다음 그림을 보고 이야기하세요.
Look at the pictures and practice with your partner.

1)

2)

3)

4)

5)

6)

2 오늘부터 반말로 인사하세요.
Say hello using informal language starting from today.

반말로 인사를 할 수 있어요? ☆ ☆ ☆ ☆ ☆

말하기 18
안부 Saying Hello

 반말로 안부와 근황을 이야기할 수 있다.

💡 생각해 봐요

● 다음 사진을 보세요. 이 사람들은 어떤 이야기를 할까요?
Look at the pictures. What do you think are they talking about?

📢 말해요 1

1 다음에 대해 친구하고 반말로 이야기하세요.
Tell your partner about the things below using informal language.

1)

> 자기소개
>
> ● 직업 / 하는 일은?
>
> ● 한국에는 언제?
>
> ● 2급을 수료한 후에는?
>
> ● 하고 싶은 일은?

2)

> 위치
>
> ● 우리 학교에 있는 것은?
>   [정수기, 자판기…]
>
> ● 어디에?

3)

여가 생활

- 수업이 끝난 후에는 보통?
- 휴일에는 보통?
- 취미는? 누구하고? 어디에서?

4)

건강

- 요즘 건강은?
- 어디가 자주 아파?
- 아프면 어떻게 해?

5)

취향

- 좋아하는 음식은?
- 좋아하는 장소는?
- 좋아하는 사람은?

6)

가족

- 가족은?
- 사는 곳은?
- 하는 일은?
- 좋아하는 일은?
- 제일 만나고 싶은 사람은?
- 만나면 하고 싶은 일은?

7)

여행

- 여행 좋아해? 왜?
- 가 본 곳은?
- 거기에서 한 일은? 먹어 본 음식은? 어땠어?
- 지금까지 간 곳 중에서 어디가 제일?
- 지금까지 먹은 음식 중에서 뭐가 제일?

8)

옷 사기

- 좋아하는 색하고 싫어하는 색은?
- 자주 입는 옷은?
- 제일 많은 옷은?
- 어디에서 쇼핑? 얼마나 자주?

9)

축하와 위로

- 언제 외로워? 그러면 어떻게 해?
- 언제 화가 나? 그러면 어떻게 해?
- 제일 기쁜 일은?
- 제일 슬픈 일은?

🔊 말해요 2

● **동창회에서 5년 만에 만난 친구하고 반말로 안부와 근황을 이야기하세요.**
Imagine that you meet a friend you have not seen for five years at an alumni reunion. Ask your partner and respond to questions about catching up with the friend using informal language.

1 **오래간만에 만난 친구하고 어떻게 인사할 거예요? 생각해 보세요.**
How do you want to say hello to a friend you have not seen for a while? Think about it.

2 **다음 사람이 되어 안부와 근황을 이야기하세요.**
Imagine you are the person below, and ask and respond to questions about catching up with each other.

A

- ✔ 어학원 4급 수료
- ✔ 한국 대학교 입학
- ✔ 한국 회사 취직
- ✔ 2년 전에 결혼해서 아들 한 명

B

- ✔ 어학원 2급 수료 후 고향으로 돌아감
- ✔ 고향에서 대학교 졸업
- ✔ 작년 한국 자동차 회사 취직

C

- ✔ 어학원을 졸업한 후에 고향에 감
- ✔ 고향에서 요리 학교 입학
- ✔ 올해 한국에서 식당을 시작

D

- ✔ 4급 다닐 때부터 번역 아르바이트
- ✔ 고향에서 기자가 됨
- ✔ 한국에 자주 옴
- ✔ 다음 달에 결혼

반말로 안부와 근황을 이야기할 수 있어요?	☆ ☆ ☆ ☆ ☆

이야기 만들기 Writing a Fairy Tale

 이야기를 만들 수 있다.

 생각해 봐요

● 다음을 보세요. 여러분은 이 이야기를 알아요?
Look at the following. You know the story?

 배워요

1 이야기에 나오는 동물 이름을 배워요.
Learn about the names of animals that appear in stories.

동물 animals

| 강아지/개 | 고양이 | 호랑이 | 사자 | 곰 |

토끼	거북이	소	돼지	닭
여우	코끼리	기린	하마	고래

2 이야기에 나오는 사람을 배워요.

Learn about characters that appear in stories.

사람 characters 🔍

남자/여자아이	소년/소녀	청년/아가씨

아저씨	아줌마	할아버지	할머니

왕/여왕	왕비	왕자	공주	마녀

3 이야기에 자주 나오는 표현을 배워요.
Learn popular expressions that appear in stories.

옛날 옛날 어느 마을에

한 ○○이/가 살았어요

그러던 어느 날

영원히 행복하게 살았대요

말해요 1

1 다음 그림을 보고 이야기를 만드세요.
Look at the pictures and create a story of your own.

1)

2)

3)

4)

5)

6)

7)

8)

9)

10)

2 이제 여러분이 이야기를 만드세요.
Now, write your own story.

① 어디에?

옛날 옛날

② 누가?

살고 있었어요.

③ 그 사람은 어때요?
어떻게 살아요?

④ 무슨 일이 생겼어요?

그러던 어느 날

⑤ 어떻게 되었어요?

⑥ 마지막은?

행복하게 살았대요.

이야기를 만들 수 있어요? ☆ ☆ ☆ ☆ ☆

말하기 20
게임 Game

1 빙고 게임을 하세요.
Play Bingo.

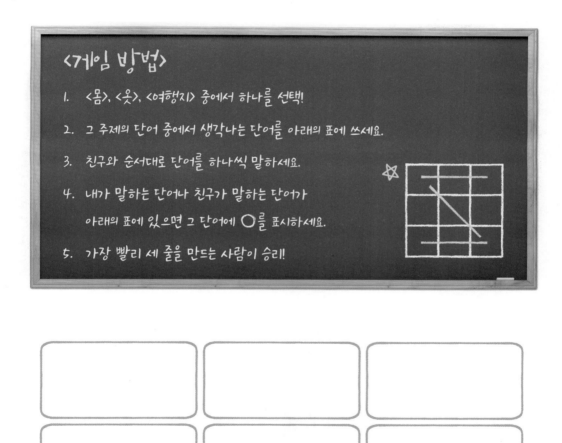

<게임 방법>

1. <몸>, <옷>, <여행지> 중에서 하나를 선택!

2. 그 주제의 단어 중에서 생각나는 단어를 아래의 표에 쓰세요.

3. 친구와 순서대로 단어를 하나씩 말하세요.

4. 내가 말하는 단어나 친구가 말하는 단어가

    아래의 표에 있으면 그 단어에 ◯를 표시하세요.

5. 가장 빨리 세 줄을 만드는 사람이 승리!

2 여러분은 어떤 것을 해 봤어요? 누가 가장 많은 경험을 해 봤을까요?
What games have you played? Who has played the most games?

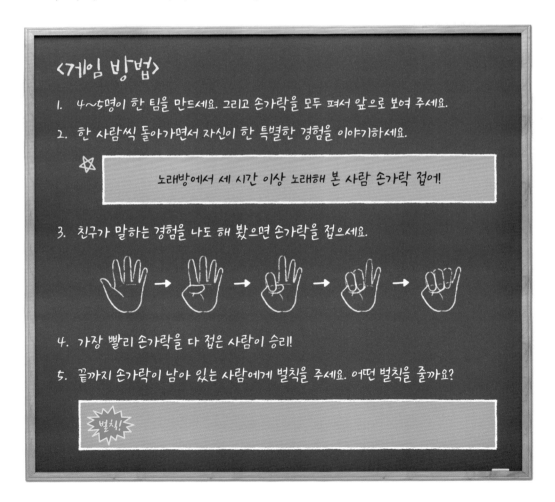

3 다음 게임을 하세요.
Play the game.

어휘 찾아보기 (단원별)

말하기 2

• **새 단어**

더

말하기 3

• **길 묻기 1**

지하철역, 버스 정류장, 길을 건너다/건너가다, 편의점을 지나다

• **새 단어**

쭉

말하기 4

• **길 묻기 2**

○번 버스, 지하철 ○호선, 한 번에 가다/오다, (으)로 갈아타다, ○번 출구로 나가다/나오다

말하기 5

• **새 단어**

학생증, 운전을 하다

말하기 11

• **부모님의 사랑**

낳다, 키우다, 돌보다, 가르치다, 안다, 믿다
사랑으로, 따뜻하게, 언제나, 지금까지

• **효도**

건강하게 자라다/크다, 열심히 공부하다, 자주 연락드리다, 잘해 드리다, 안아 드리다, 사 드리다, 선물해 드리다

말하기 14

• **복장**

옷, 신발, 양말, 모자, 안경, 가방, 시계, 목도리/스카프, 장갑

• **탈착**

옷을 입다 ↔ 옷을 벗다, 신발을 신다 ↔ 신발을 벗다, 양말을 신다 ↔ 양말을 벗다, 모자를 쓰다 ↔ 모자를 벗다, 안경을 쓰다 ↔ 안경을 벗다, 가방을 메다/들다 ↔ 가방을 내려놓다, 시계를 차다 ↔ 시계를 풀다, 목도리/스카프를 하다 ↔ 목도리/스카프를 풀다, 장갑을 끼다 ↔ 장갑을 빼다

말하기 16

• **축하와 위로**

힘내다, 잘되다

말하기 17

• **인사**

안녕?, 왔어?, 오래 기다렸어?, 어서 와, 잘 가, 다음에 봐, 다음에 만나, 또 봐, 먼저 갈게, 조심해서 가, 잘 있어, 좀 괜찮아? 빨리 나아, 걱정하게 해서 미안해, 도와줄까?, 고마워, 미안해, 괜찮아, 맛있게 먹어, 잘 먹을게, 잘 자, 잘 잤어?

- **동물**

강아지/개, 고양이, 호랑이, 사자, 곰, 토끼, 거북이, 소,
돼지, 닭, 여우, 코끼리, 기린, 하마, 고래

- **사람**

남자아이, 여자아이, 소년, 소녀, 청년, 아가씨, 아저씨,
아줌마, 할아버지, 할머니, 왕, 여왕, 왕비, 왕자, 공주, 마
녀

어휘 찾아보기 (가나다순)

어휘 찾아보기 (가나다순)

문법 찾아보기

말하기 2

| 동/형 | -아야/어야/여야 하다/되다 | ▼ |

- 어떤 일을 할 필요가 있거나 어떤 상태일 필요가 있음을 나타낸다.
  It indicates that something should be done or a certain condition is necessary.

  가 오늘 뭐 해요?
  나 친구가 한국에 와요. 그래서 공항에 가야 돼요.

| 동사 | -지 마세요 | ▼ |

- 어떤 행동을 금지함을 나타낸다.
  It is used to indicate that a certain action is prohibited.

  가 교실에서 음식을 먹지 마세요.
  나 네, 알겠어요.

말하기 5

| 동사 | -(으)ㄹ 수 있다/없다 | ▼ |

- 어떤 행동을 할 능력이 있거나 없음을 또는 어떤 행동이 가능하거나 가능하지 않음을 나타낸다.
  It indicates the subject's ability/lack of ability to do something or possibility/impossibility of doing something.

  가 한국 음식을 만들 수 있어요?
  나 아니요, 못 만들어요.

말하기 6

| 기간 | 에 | 수 | 번 | ▼ |

- 일정한 기간 동안에 일을 한 횟수를 나타낸다.
  It describes the frequency of doing something within a certain period of time.

  가 쇼핑을 자주 해요?
  나 한두 달에 한 번 해요.

MEMO

고려대
재미있는
한국어 **2**
English Version

말하기 Speaking

초판 발행	2019년 8월 5일
2판 발행 1쇄	2023년 8월 25일
지은이	고려대학교 한국어센터
펴낸곳	고려대학교출판문화원
	www.kupress.com
	kupress@korea.ac.kr
	02841 서울특별시 성북구 안암로 145
	Tel 02-3290-4230, 4232
	Fax 02-923-6311
유통	한글파크
	www.sisabooks.com / hangeul
	book_korean@sisadream.com
	03017 서울시 종로구 자하문로 300 시사빌딩
	Tel 1588-1582
	Fax 0502-989-9592
일러스트	최주석, 황주리
편집디자인	한글파크
찍은곳	네오프린텍(주)
ISBN	979-11-90205-00-9 (세트)
	979-11-90205-69-6 04710

값 12,000원
※ 잘못 만들어진 책은 바꿔 드립니다.

고려대 한국어는 말하기 활동 중심의 통합 교재입니다.

고려대 재미있는 한국어는 의사소통 활동 중심의 말하기, 듣기, 읽기, 쓰기 교재입니다.

표지 일러스트 **정소연**

고려대 재미있는 한국어

고려대 재미있는 한국어는
의사소통 활동 중심의
말하기, 듣기, 읽기, 쓰기 교재입니다.

- 쉽고 재미있습니다.
- 배워서 바로 쓸 수 있습니다.
- 최고의 전문가가 만들었습니다.

ISBN 979-11-90205-69-6
ISBN 979-11-90205-00-9(세트)

값 **12,000원**